POEMES URBANS

POEMAS URBANOS

Assumpció Forcada

POEMES URBANS

POEMAS URBANOS

Vision Libros

© Obra: POEMES URBANS / POEMAS URBANOS

Primera edición: Febrero, 2026

© Assumpció Forcada

ISBN: 979-13-88065-07-1
Depósito Legal: M-4506-2026

© Editado por VISION LIBROS www.visionlibros.com

Gestión, promoción y distribución: Límbica Ediciones S.L.
C./ Puentelarra, 68, 2º A, 28031 Madrid. España.
Tlf: 0034 91 3117696 // Email: pedidos@limbicaediciones.es
www.visionnet-libros.com

Disponible en librerías físicas y online.

A Fina R. Palau

INTRODUCCIÓ POEMES URBANS

Moltes vegades la natura és una font d'inspiració i ens parla de la vida però, en aquest temps que vivim, moltes persones vivim gran part de la nostra vida en ciutats i centres urbans per qüestions d'origen, de feina, d'estudis... i en certa manera ens trobem amb problemes típics de les grans ciutats i centres urbans: sorolls, gentrificació, estrès, problemes d'habitatge, contaminació...

I tenim necessitat de sortir al camp.

Però també les ciutats tenen el seu encant, els centres culturals, les botigues on trobar molts productes necessaris, els aparadors que amb la seva llum ens fan companyia a la nit, el banc per a fer un descans, la rellotgeria que ens recorda el pas del temps... i si mirem tot això, en companyia de la musa, podem trobar poesia en tantes coses!

Jo convido a les persones lectores d'aquest poemari a mirar les coses amb una mirada poètica que fa de la ciutat un lloc més humà on podem entendre els sentiments que ens són comuns.

Assumpció Forcada

INTRODUCCIÓN POEMAS URBANOS

Muchas veces la naturaleza es una fuente de inspiración y nos habla de la vida pero, en este tiempo, muchas personas vivimos gran parte de nuestra vida en ciudades y centros urbanos por cuestiones de origen, trabajo, estudios...y en cierto modo nos encontramos con problemas típicos de las grandes ciudades y centros urbano: ruidos, gentrificación, estrés, problemas de vivienda, contaminación...

Y tenemos necesidad de salir al campo.

Pero también las ciudades tienen su encanto, los centros culturales, las tiendas donde encontrar muchos productos necesarios, los escaparates que con su luz nos hacen compañía por la noche, el banco para hacer un descanso, la relojería que nos recuerda el paso del tiempo... y si miramos todo, esto en compañía de la musa, ! podemos   encontrar poesía en tantas cosas!

Yo invito a las personas lectoras de este poemario a mirar las cosas con una mirada poética que hace de la ciudad un lugar más humano donde podemos entender los sentimientos que nos son comunes.

Asunción Forcada

ESCOLTAR LA MUSA

La musa camina sempre
per un carrer solitari,
li agrada el silenci,
entrar amb harmonia
en el jardí de les paraules.

De vegades el rega
amb les gotes de la pluja,
de la tristesa.
Posa la llum de la seva mirada
en les fulles dels pètals.

Construeix el rellotge
de les hores que juga
amb la llum del sol.
Liba el nèctar de les idees
i treu el pol·len de les estrelles.

La musa viu en el volcà
del magma de la vida,
té la veu de la Terra
i sent el foc de l'amor
com el caliu de la seva casa.

ESCUCHAR LA MUSA

La musa anda siempre
por una calle solitaria,
le gusta el silencio,
entrar con armonía
en el jardín de las palabras.

A veces lo riega
con las gotas de la lluvia,
de la tristeza.
Pone la luz de su mirada
en las hojas de los pétalos.

Construye el reloj
de las horas que juega
con la luz del sol.
Liba el néctar de las ideas
y saca el polen de las estrellas.

La musa vive en el volcán
del magma de la vida,
tiene la voz de la Tierra
y siente el fuego del amor
como el rescoldo de su casa.

La musa té les claus,
perdudes en el fons marí
de tantes naus sense far,
de tants naufragis
provocats per les tempestes.

La musa té les teves mans,
la teva oïda segueix la seva ombra
i confia en els petits carrers
de cada vers deixant-te empremtes
de diàlegs secrets.

La musa tiene las llaves,
perdidas en el fondo marino
de tantas naves sin faro,
de tantos naufragios
provocados por las tormentas.

La musa tiene tus manos,
tu oído sigue su sombra
y confía en las pequeñas calles
de cada verso dejándote huellas
de diálogos secretos.

PAS ZEBRA

Mires a l'esquerra i a la dreta:
no saps com travessar
aquesta petita selva del trànsit urbà
en l'hora punta.

Passes per damunt del pas zebra,
el semàfor intermitent per als vehicles
et diu que encara existeix el perill
i arribes ràpid a l'altra banda.

Què faràs quan aquí uns anys
els teus peus cansats i el seu pas lent
et deixin a mig camí quan ja el semàfor
canvia de color i sembla que facis nosa?

Potser mirar els ulls del conductor
amb la vista ja cansada i veure
com els vidres de les ulleres i del cotxe
s'entenen i no volen trencar-se.

Observar el gest humà de la persona
que de manera cívica i elegant
et deixa passar, potser pensant
que algú farà el mateix algun dia.

PASO ZEBRA

Miras a la izquierda y la derecha:
no sabes cómo atravesar
esta pequeña selva del tráfico urbano
en la hora punta.

Pasas por encima del paso zebra,
el semáforo intermitente para los vehículos
te dice que aún existe peligro
y llegas deprisa al otro lado.

¿Qué vas a hacer cuando de aquí unos años
tus pies cansados y su paso lento
te dejen a medio camino cuando ya el semáforo
cambia de color y parece que estorbes?

Quizá mirar los ojos del conductor
con la vista ya cansada y ver
como los cristales de las gafas y los del coche
se entienden y no quieren romperse.

Observar el gesto humano de la persona
que de manera cívica y elegante
te deja pasar, tal vez pensando
que alguien hará lo mismo algún día.

BANC A LA PLAÇA

Cada dia es troben en el mateix banc
tot prenent el sol, no tenen cap feina:
la jubilació els va arribar abans d'hora
i ara miren el temps sense pressa.

Un dia van dirigir-se la paraula,
ja no eren uns desconeguts,
i la il·lusió de trobar-se de nou
omple les hores.

Fins i tot les fulles dels arbres
i els ocells coneixen el seu nom,
el ritual de la seva trobada,
la nova llum dels seus ulls.

Però avui tots dos tenen la tristesa
en la mirada, algú ha deixat ple
de grafits de mal gust el seu banc
com una profanació dels seus sentiments.

I ara se senten perduts enmig
de les pintades, d'algunes fustes trencades,
mentre la pluja intenta, sense èxit,
esborrar la pintura.

BANCO EN LA PLAZA

Cada día se encuentran en el mismo banco
tomando el sol, no tienen ningún trabajo:
la jubilación les llegó antes de tiempo
y ahora miran el tiempo sin prisa.

Un día se dirigieron la palabra,
ya no eran unos desconocidos,
y la ilusión de encontrarse de nuevo
llena las horas.

Incluso las hojas de los árboles
y los pájaros conocen su nombre,
el ritual de su encuentro,
la nueva luz de sus ojos.

Pero hoy ambos tienen la tristeza
en la mirada, alguien ha dejado lleno
de grafitos de mal gusto su banco
como una profanación de sus sentimientos.

Y ahora se sienten perdidos en medio
de las pintadas, de algunas maderas rotas,
mientras la lluvia intenta, sin éxito,
borrar la pintura.

CARTELLS I ENGANXINES

Et fan mal als ulls
aquests cartells d'immobiliàries
que enganxen en llocs molt visibles,
els preus tan alts que no podràs pagar mai
ells que venen el sòl,
aprofiten espais que no són seus.
Els beneficis no tenen miraments.

Te'ls trobes en les façanes, en les faroles,
en els arbres, prop del mercat,
oferint pisos a preu d'or.
Empaperen les parets amb xifres
que contaminen l'aire d'especulació,
baixen les il·lusions,
són una amenaça per als llogaters antics.

Potser al civisme l'hi has posat
un aire d'indignació
quan vas arrancant tots els cartells
i et quedes amb un aire més tranquil
en el camí que fas cada dia.

CARTELES Y PEGATINAS

Te molestan ver
estos carteles de inmobiliarias
que enganchan en lugares muy visibles,
los precios tan altos que no podrás pagar nunca,
ellos que venden el suelo,
aprovechan espacios que no son suyos.
Los beneficios no tienen miramientos.

Te los encuentras en las fachadas, en las farolas,
en los árboles, cerca del mercado,
ofreciendo pisos a precio de oro.
Empapelan las paredes con cifras
que contaminan el aire de especulación,
bajan las ilusiones,
son una amenaza para los inquilinos antiguos.

Quizá el civismo le has puesto
un aire de indignación
cuando vas arrancando todos los carteles
y te quedas con un aire más tranquilo
en el camino que haces cada día.

ESPAIS SENSE FUM

Fumaves dos paquets al dia
com un signe d'alliberació,
com si et fumessis així
les angoixes i l'estrès de cada dia.

L'última xuclada i la burilla
a terra, a la parada d'autobús, a la carretera,
sense adonar-te que contamines l'aire,
que el fum molesta i perjudica
els fumadors passius.

Sense adonar-te
que els teus pulmons carregats de fum,
escurcen les vies del tren
de la vida i el cor pateix un esforç
que no li caldria fer.

Potser respectar els llocs públics
sigui no fer-se gols en la pròpia porteria,
tenir un alè més fresc,
gaudir d'un carrer més net,
apostar per la vida.

ESPACIOS SIN HUMO

Fumabas dos paquetes al día
como un signo de liberación,
como si te fumaran así
las angustias y el estrés de cada día.

La última chupada y la colilla
en el suelo, en la parada de autobús, en la carretera,
sin darte cuenta que contaminas el aire,
que el humo molesta y perjudica
a los fumadores pasivos.

Sin darte cuenta
que tus pulmones cargados de humo,
acortan las vías del tren
de la vida y el corazón sufre un esfuerzo
que no tendría que hacer.

Quizá respetar los lugares públicos
sea no hacerse goles en la propia portería,
tener un aliento más fresco,
disfrutar de una calle más limpia,
apostar por la vida.

CUIDAR LA CASA

A Conxa i Manel

Quan el silenci és el mirall
on trobem la casa del nostre món interior,
sabem que cal cuidar-la i protegir-la del fred.
Deixar que la cobreixen les herbes de l'esperança,
de la il·lusió, de paraules senzilles d'afecte
que donen escalf al nostre cor.

I quan arribi el fred de l'hivern
i udoli el vent de les preocupacions,
amb les finestres tancades i la flama en la llar de l'amor
viviu intensament les hores:
Feu de cada gest una aurora boreal
que ompli de llum la vostra vida.

CUIDAR LA CASA

A Conxa y Manel

Cuando el silencio es el espejo
donde encontramos la casa de nuestro mundo interior,
sabemos que hay que cuidarla y protegerla del frío.
Dejar que la cubren las hierbas de la esperanza,
de la ilusión, de palabras sencillas de afecto
que dan calor a nuestro corazón.

Y cuando llegue el frío del invierno
y el aullido del viento de las preocupaciones,
con las ventanas cerradas y la llama en el hogar del amor
vivid intensamente las horas:
Haced de cada gesto una aurora boreal
que llene de luz vuestra vida.

SOLA EN UN BANC DE PEDRA

Sola, et quedes en silenci
en aquest banc de pedra
que t'acull, els teus problemes
no interessen a ningú.
Només aquest arbre de la xocolata
inclina el tronc
per escoltar els teus pensaments
aquest hivern
que a tots dos us ha robat les fulles.

SOLA EN UN BANCO DE PIEDRA

Sola, te quedas en silencio
en este banco de piedra
que te acoge, tus problemas
no interesan a nadie.
Solo este árbol del chocolate
inclina su tronco
para escuchar tus pensamientos
en este invierno
que a los dos os ha robado las hojas.

PAPERERA

Sempre plena i al meu costat
guardes projectes mai acabats,
diaris caducats i boles de paper
d'aquell poema que no surt
i que engolirà el contenidor
algun dia.

Paperera del carrer
sols et cuida qui et vol bé,
de vegades estàs buida,
de vegades massa plena
i envoltada de papers,
silenciosa i maltractada,
víctima de la violència
passes calor i passes fred.
Recollint el paper
salvem arbres
i recordem a la consciencia
que reciclar està molt bé.

PAPELERA

Siempre llena y a mi lado
guardas proyectos nunca acabados
diarios caducados y bolas de papel
de aquel poema que no sale
y que tragará el contenedor
algún día.

Papelera de la calle
sólo te cuida quien bien te quiere
a veces estás vacía,
a veces demasiado llena
y rodeada de papeles,
silenciosa y maltratada,
víctima de la violencia
pasas calor y pasas frío.
Recogiendo el papel
salvamos árboles
y recordamos a la conciencia
que reciclar está muy bien.

MOBLES AL CARRER

Hi ha uns encants sense encant
en la vorera prop del contenidor
com un menú que varia segons el dia:
cadires trencades, somiers,
un matalàs, aquell mirall que feia nosa,
els mobles vells que recordaven el passat,
una taula ja desfeta, un sofà ja gastat.

Potser penses que és dia
de recollida de mobles que algú
ha buidat el seu pis...
No saps qui ha deixat el televisor
que encara funcionava i que adorava
no fa gaire temps.

Sembla que a la nit uns estranys follets
han deixat la vorera com una barricada
que no deixarà passar els cotxets dels infants,
els carrets que portem per anar al mercat,
i que ens fan sortir de la vorera als vianants
mentre potser pensarem en la banalitat de les coses.

MUEBLES EN LA CALLE

Hay unos rastrillos sin encanto
en la acera cerca del contenedor
como un menú que varía según el día:
sillas rotas, somieres,
un colchón, aquel espejo que molestaba,
los muebles viejos que recordaban el pasado,
una mesa ya deshecha, un sofá ya gastado.

Quizás piensas que es día
de recogida de muebles, que alguien
ha vaciado su piso...
No sabes quién ha dejado el televisor
que aún funcionaba y que adoraba
no hace mucho tiempo.

Parece que por la noche unos extraños duendes
han dejado la acera como una barricada
que no dejará pasar los cochecitos de los niños,
los carritos que llevamos para ir al mercado,
y que nos hacen salir de la acera peatonal
mientras quizás pensaremos en la banalidad de las cosas.

Quantes vivències i records foragitats
de les cases, quantes fustes enyorant
complir amb la seva funció,
si algú pot restaurar-les,
o tornar a la mare terra, al record
d'aquelles arrels que tenien quan eren arbres!

Uns encants sense encant!
Una sola trucada podria ser
l'enllaç de tot un cicle on sempre
el civisme ens faria la ciutat més humana
i els nostres mobles vells
podrien gaudir del reciclatge
o potser la nit de Sant Joan
d'un foc purificador.

¡Cuántas vivencias y recuerdos expulsados
de las casas, cuantas maderas añorando
cumplir con su función,
si alguien puede restaurarlas,
o volver a la madre tierra, el recuerdo
de aquellas raíces que tenían cuando eran árboles!

¡Unos rastrillos sin encanto!
Una sola llamada podría ser
el enlace de todo un ciclo donde siempre
el civismo nos haría la ciudad más humana
y nuestros muebles viejos
podrían disfrutar del reciclaje
o tal vez en la noche de San Juan
de un fuego purificador.

MANCHESTER DIVENDRES A LA NIT

Les pintes de cervesa marquen les hores
i el comportament.
Els homes es desinhibeixen per a fer el ridícul
i caure en gamberrades i bromes que els allunyen
del seu comportament diari.

Tal vegada al dia dia no cal ser tan freds
i seguir més el llenguatge del cor.
Tal vegada hi ha massa cervesa en el seus cossos
i la borratxera no ha estat mai
un signe de llibertat i de progrés.

MANCHESTER VIERNES POR LA NOCHE

Las pintas de cerveza marcan las horas
y el comportamiento.
Los hombres se desinhiben para hacer el ridículo
y caer en gamberradas y bromas que los alejan
de su comportamiento diario.

Tal vez en el día a día no hay que ser tan fríos
y seguir más el lenguaje del corazón.
Tal vez hay demasiado cerveza en sus cuerpos
y la borrachera no ha sido nunca
un signo de libertad y de progreso.

PLOU A MANCHESTER

Plou a Manchester
i l'escultura de Chopin recupera
la música de piano amb la caiguda
de les gotes de pluja.

Plou a Manchester.
Les escultures queden brillants i netes,
no tenen la pols del temps.
Semblen més vives
mentre les fulles del arbres,
amb el seu verd esplèndid,
ens diuen que l'esperança
mai no es perd.

LLUEVE EN MANCHESTER

Llueve en Manchester
y la escultura de Chopin recupera
la música de piano con la caída
de las gotas de lluvia.

Llueve en Manchester.
Las esculturas quedan brillantes y limpias,
no tienen el polvo del tiempo.
Parecen más vivas
mientras las hojas de los árboles,
con su verde espléndido,
nos dicen que la esperanza
nunca se pierde.

FLOR DAVANT DE LA CATEDRAL DE MANCHESTER

Flor que mires l'aigua
presonera de l'arc dels somnis.
On són les abelles, les papallones
que vulguin el teu nèctar?

Fa temps que els insecticides
han fet minvar aquest murmuri d'ales.
Fa temps que els humans ens apartem
del llenguatge de la natura
i la distancia entre les persones es fa més gran.

FLOR DELANTE DE LA CATEDRAL DE MANCHESTER

Flor que miras el agua
prisionera del arco de los sueños.
¿Dónde están las abejas, las mariposas
que quieran tu néctar?

Hace tiempo que los insecticidas
han mermado este murmullo de alas.
Hace tiempo que los humanos nos apartamos
del lenguaje de la naturaleza
y la distancia entre las personas se hace mayor.

LA CIÈNCIA NECESSITA LES DONES

A Manchester, a Picadilly Square
dones joves expliquen temes científics
amb cartells que diuen :
La Ciència necessita les dones.

Algunes joves les escolten
mentre altres prenen el sol a la gespa,
un luxe en aquest clima.

La Ciència necessita les dones.
La política necessita les dones.
La religió necessita les dones.
La música necessita les dones.
Les lleis necessiten les dones.
Les Arts necessiten les dones.

I quan hi són
necessiten el seu reconeixement
perquè les dones són l'esperança
per un món millor que les ha deixat,
fins ara, a casa, en l'oblit.

LA CIENCIA NECESITA A LAS MUJERES

En Manchester, en Picadilly Square
mujeres jóvenes explican temas científicos
con carteles que dicen:
La Ciencia necesita a las mujeres.

Algunas jóvenes las escuchan
mientras otros toman el sol en el césped,
un lujo en este clima.

La Ciencia necesita las mujeres.
La política necesita las mujeres.
La religión necesita las mujeres.
La música necesita las mujeres.
Las leyes necesitan las mujeres.
Las Artes necesitan las mujeres.

Y cuando están
necesitan su reconocimiento
porque que las mujeres son la esperanza
para un mundo mejor que las ha dejado,
hasta ahora, en casa, en el olvido.

NIT DE FORTA TEMPESTA

La pell tensa del cel
forma gegants tambors
que ressonen amb força gegantina.
Avui s'han amagat les estrelles,
hi ha un fons psicodèlic de llum
que fan els llamps mentre altres
corren pel cel formant
arrels de llum, jeroglífics que no entenem
i que posen humilitat i meravella
a la nostra mirada, amb la grandiositat
d'un espectacle que mai no podrem imitar.

Després d'aquesta introducció grandiosa
arriba la pluja amb els seus arpegis sonors d'aigua,
amb adagis de dolor
que colpegen la terra, la barana del balcó.

Emmudim, mirem el cel,
fem amb les mans un prec,
un desig de pau, d'harmonia, desitjant
que els fruits dels arbres i la nostra consciència
no caiguin a terra.

NOCHE DE FUERTE TORMENTA

La piel tensa del cielo
forma gigantes tambores
que resuenan con fuerza gigantesca.
Hoy se han escondido las estrellas,
hay un fondo psicodélico de luz
que hacen los rayos mientras otros
corren por el cielo formando
raíces de luz, jeroglíficos que no entendemos
y que ponen humildad y maravilla
a nuestra mirada, con la grandiosidad
de un espectáculo que nunca podremos imitar.

Después de esta introducción grandiosa
llega la lluvia con sus arpegios sonoros de agua,
con adagios de dolor
que golpean la tierra, la barandilla del balcón.

Enmudecemos, miramos al cielo,
juntamos las manos en un rezo,
un deseo de paz, de armonía, deseando
que los frutos de los árboles y nuestra conciencia
no caigan al suelo.

CIGONYES DEL CAMPANAR

Vosaltres fidels devotes del campanar
vigileu des de les altures l'església
més a prop del cel que nosaltres.

Vosaltres escolteu el so de les campanes,
els quarts i les hores,
el pas del temps que us fa assumir
el vostre cicle.

Nosaltres ens hem allunyat d'aquest lloc d'oració.
No escoltem les campanes ni el vostre
tac tac tac tac tac tac tac que ens crida.

Hem perdut les ales de la fe,
ja no podem volar per damunt
d'aquest món d'incertesa.

Orfes, en un camí ple de pedres,
caiem una i altra vegada
en el desencís, se'ns glaça l'ànima.

Malgrat tot, no tot està perdut
perquè cada nit la lluna i les estrelles ens recorden
que malgrat la fosca.
es pot trobar un raig de llum.

CIGÜEÑAS DEL CAMPANARIO

Vosotras fieles devotas del campanario
vigiláis desde las alturas la iglesia
más cerca del cielo que nosotros.

Vosotras escuchais el sonido de las campanas,
los cuartos y las horas,
el paso del tiempo que os hace asumir
vuestro ciclo.

Nosotras nos hemos alejado de este lugar de oración.
No escuchamos las campanas
ni vuestro tac tac tac tac tac tac tac que nos llama.

Hemos pedido las alas de la fe,
ya no podemos volar por encima
de este mundo de incertidumbre.

Huérfanos, en un camino lleno de piedras,
caemos una y otra vez
en el desencanto, se nos hiela el alma.

Sin embargo, no todo está perdido
porque cada noche la luna y las estrellas nos recuerdan
que, a pesar de la oscuridad,
se puede encontrar un rayo de luz.

CARRER

Sempre és solitari el camí de la solitud.
Has trepitjat moltes pedres en tot aquest temps
i has construït cases per als ideals
que ara estan buides.

El silenci et transporta en el temps.
Evoques dies llunyans plens de joia,
però no es pot viure dels records.

És millor habitar les cases amb noves
propostes, il·lusions, no deixar
que la tristesa enderroqui
les cases del teu poble.

CALLE

Siempre es solitario el camino de la soledad.
Has pisado muchas piedras en todo este tiempo
y has construido casas para los ideales
que ahora están vacías.

El silencio te transporta en el tiempo.
Evocas días lejanos llenos de gozo,
pero no se puede vivir de los recuerdos.

Es mejor habitar las casas con nuevas
propuestas, ilusiones, no dejar
que la tristeza derribe
las casas de tu pueblo.

RAMBLES DE BARCELONA

Amunt i avall,
com un riu, les persones passegen
per les Rambles
sota el túnel dels plataners
amb diferents cares i diferents problemes.

Tal vegada algú comprarà una flor
desitjant arribar a casa i donar-la
a la persona estimada.
Altres aniran buscant un miratge d'amor,
una cartera que no es la seva,
un aixopluc per passar la nit.
Hi ha molta solitud rere aquesta
amalgama de colors i tanta gent.
Malgrat tot a Canaletes veuràs de la font:
ritual per tornar-hi una altra vegada.

RAMBLES DE BARCELONA

Arriba y abajo,
como un río, las personas pasean
por las Ramblas
bajo el túnel de los plataneros
con diferentes caras y distintos problemas.

Tal vez alguien comprará una flor
deseando llegar a casa y darla
a la persona amada.
Otros irán buscando un espejismo de amor,
una cartera que no es la suya,
un cobijo para pasar la noche.
Hay mucha soledad tras esta
amalgama de colores y tanta gente.
Sin embargo, en Canaletes beberás de la Fuente:
ritual para volver de nuevo.

ESPERANÇA

Quan el crepuscle deixi pas a les estrelles,
les antenes captaran les il·lusions,
el diàleg còsmic que hi ha entre les preguntes
i les respostes que no trobes a la llum del dia.

Quan a l'hivern la boira cobreixi el teu paisatge,
la teulada dels teus somnis,
la teva llar tindrà la flama de l'esperança.
El fum de les xemeneies serà testimoni
de la calidesa de la teva casa.
Aprendràs que no són inútils
les branques caigudes per les tempestes.

ESPERANZA

Cuando el crepúsculo deje paso a las estrellas,
las antenas captarán las ilusiones,
el diálogo cósmico que existe entre las preguntas
y las respuestas que no encuentras a la luz del día.

Cuando en invierno la niebla cubra tu paisaje,
el tejado de tus sueños,
tu hogar tendrá la llama de la esperanza.
El humo de las chimeneas será testigo
de la calidez de tu casa.
Aprenderás que no son inútiles
las ramas caídas por las tormentas.

PLUJA DE FANG

Les paraules eren com una pluja de fang
i jo no portava paraigües,
els carrers estrets i buits,
les portes estaven tancades.

Les il·lusions miraven pels balcons
que de tant en tant m´aixoplugaven.
Era difícil anar endavant
i portar netes les sabates.

Vaig arribar a casa cansada,
quasi sense aire, en treure´m la roba
vas dir-me .Vols dutxar-te?
Aigua era la teva veu, sabó el teu tacte.

I vaig tornar a néixer nua,
com si de nou m´hagués parit ma mare,
a un món on les il·lusions
restaven meravellosament intactes.

LLUVIA DE BARRO

Las palabras eran como una lluvia de barro
y yo no llevaba paraguas,
las calles estrechas y vacías,
las puertas estaban cerradas.

Las ilusiones miraban por los balcones
que de vez en cuando me cobijaban.
Era difícil salir adelante
y llevar limpios los zapatos.

Llegué a casa cansada,
casi sin aire, sacaremos la ropa
me dijiste .¿Quieres ducharte?
Agua era tu voz, jabón tu tacto.

Y volví a nacer desnuda,
como si de nuevo me hubiese parido mi madre,
en un mundo donde las ilusiones
quedaban maravillosamente intactas.

PLAÇA MAJOR

Mig adormits i sense fulles
els arbres envolten la font de granit de la plaça,
com sentinelles guarden el tresor de l'aigua
esperant sentir el cant dels seus canons a la primavera.

El fred de l'hivern i la pandèmia
imprimeixen solitud i silenci.
El cel gris, saturat de problemes,
vol dialogar amb la font,
amb els flocs de neu que cauen suaument
amb un ritual i llenguatge secrets.

Cobriran el terra, s'infiltraran als camps
amb el desglaç
i banyaran les arrels, sobreviuran els arbres,
donaran esperança amb les fulles
i de nou se sentiran veus i passos de trobades.

PLAZA MAYOR

Medio dormidos y sin hojas
los árboles rodean la fuente de granito de la plaza,
como centinelas guardan el tesoro del agua
esperando oír el canto de sus caños en primavera.

El frio del invierno y la pandemia
imprimen soledad y silencio.
El cielo gris, saturado de problemas,
quiere dialogar con la fuente,
con sus copos de nieve que caen suavemente
con un ritual y lenguaje secretos.

Cubrirán el suelo, se infiltrarán en los campos
con el deshielo
y bañarán las raíces, sobrevivirán los árboles,
darán esperanza con sus hojas
y de nuevo se oirán voces y pasos de encuentros.

FONT DE LA PLAÇA MAJOR

Dormen els arbres,
només el cant de la font trenca el silenci.
Ningú, als bancs, ningú a la plaça,
sense ocells, sense flors.
És temps de confinament.

L'hivern, tan fred, congela els ànims
aguditza amb la pandèmia la solitud.
El cel gris de plata envia
paraules en flocs de neu
que es fonen en un petó
amb l´aigua de la font.

Aviat posarà vestit blanc
als arbres, teulades i terra
i podràs dibuixar i escriure a la neu
el teu cor i els teus anhels.

FUENTE DE LA PLAZA MAYOR

Duermen los árboles,
solo el canto de la fuente rompe el silencio.
Nadie, en los bancos, nadie en la plaza,
sin pájaros, sin flores.
Es tiempo de confinamiento.

El invierno, tan frio, congela los ánimos
agudiza con la pandemia la soledad.
El cielo gris de plata envía
palabras en copos de nieve
que se funden en un beso
con el agua de la fuente.

Pronto pondrá vestido blanco
a los árboles, tejados y suelo
y podrás dibujar y escribir en la nieve
tu corazón y tus anhelos.

CAMPANAR DE L'ESGLÉSIA DE PIEDRAHITA

A Ángela Palacios

Estoicament les cigonyes de l'església,
vigilen les campanes en silenci.
Hi ha un uniforme blanc
que cau del cel.
Potser la neu ens parla,
després de tantes oracions i precs,
dels dies en què les campanes tocaven
per algun amic mort.
Cauen flocs de neu, com una màscara
que cobreix i imposa
silenci, silenci,
només la canella de la font murmura
el seu cant secret.
Resisteix, no perdis l'esperança,
arribarà un món nou.
I ens veurem la cara sense confinament.

CAMPANARIO DE LA IGLESIA DE PIEDRAHITA

A Ángela Palacios

Estoicamente las cigüeñas de la iglesia,
vigilan las campanas en silencio.
Hay un uniforme blanco
que cae del cielo.
Tal vez la nieve nos habla,
después de tantas oraciones y ruegos,
de los días en que las campanas tañían
por algún amigo muerto.
Caen copos de nieve, como una mascarilla
que cubre e impone
silencio, silencio,
solo el caño de la fuente murmura
su canto secreto.
Resiste, no pierdas la esperanza,
llegará un mundo nuevo.
Y nos veremos la cara sin confinamiento.

PENSANT DAVANT D'UN SORTIDOR

Bateja el sortidor
amb el seu cant d'aigua
el pensament que trist
està assegut al jardí.

Quin nom l'hi has posat?
Va dir la brisa.
Vull ser el padrí!
Va dir el sol.

El pensament,
cada vegada més il·luminat
va respondre:

Del meu neixen cada dia
llibertat i igualtat
com filles.
i el compromís
com a fill.

No puc viure
sempre a les estrelles.
Desitjo un salari just i digne
va dir el temps que passava.

PENSANDO DELANTE DE UN SURTIDOR

Bautiza el surtidor
con su canto de agua
el pensamiento que triste
está sentado en el jardín.

¿Qué nombre le has puesto?
Dijo la brisa.
¡Quiero ser el padrino!
Dijo el sol.

El pensamiento,
cada vez más iluminado
respondió:

De mi nacen todos los días
Libertad e igualdad
como hijas.
y el compromiso
Como hijo varón.

No puedo vivir
siempre en las estrellas.
Deseo un salario justo y digno
dijo el tiempo que pasaba.

Cada dia surt el sortidor
amb cabells llargs d'aigua.
Té moltes coses per explicar,
bé ho saben les parets,
les magnòlies que escolten sense parlar.

El pensament rejovenit
i ben aconsellat
s'aixeca, ja al carrer
mira el rellotge, les hores corren
renova esforços i les segueix
no les vol perdre.

Cada día sale el surtidor
con cabellos largos de agua.
Tiene muchas cosas que contar,
bien lo saben las paredes,
las magnolias que escuchan sin hablar.

El pensamiento rejuvenecido
y bien aconsejado
se levanta, ya en la calle
mira el reloj, las horas corren
renueva esfuerzos y las sigue
no las quiere perder.

AUTOBÚS

Agafo l'autobús poques vegades,
en temps de pandèmia sembla més segur
que el metro, malgrat que això de portar mascareta
sembla que hi ha persones
que no entenen la seva necessitat,
i se la posen per sota del nas.
Hi ha un masclisme que ja no es dissimula
i una resposta violenta i fora de lloc
quan demanes que se la posin
i qui ho demana és una dona.

On ha quedat la solidaritat?
On el respecte?
La violència a pres forma en el tracte,
i sembla que algun component de robots
s´ha instal·lat en molts cervells
substituint l´humanisme.

És això un resultat de l'aïllament?
És fer aflorar tot allò negatiu
que es portava a dintre soterrat
davant d´un món més feliç?
Qui coneix la resposta?

AUTOBÚS

Cojo el autobús rara vez,
en tiempo de pandemia parece más seguro
que el metro, a pesar de que llevar mascarilla
parece que hay personas
que no entienden su necesidad,
y se la ponen por debajo de la nariz.
Hay un machismo que ya no se disimula
y una respuesta violenta y fuera de lugar
cuando pides que se la pongan
y quien lo pide es una mujer.

¿Dónde ha quedado la solidaridad?
¿Dónde el respeto?
La violencia a preso forma en el trato,
y parece que algún componente de robots
se ha instalado en muchos cerebros
sustituyendo al humanismo.

¿Es esto un resultado del aislamiento?
Es hacer aflorar todo lo negativo
que se llevaba dentro enterrado
frente a un mundo más feliz?
¿Quién conoce la respuesta?

FLORISTERIA

Per sort en el meu recorregut
per anar al mercat hi trobo una floristeria
que tot l'any posa flors al carrer.
És tot un mini jardí a la vorera
que dóna color als dies grisos
i un aire d'esperança
en aquest temps difícils.

Les flors no porten mascareta,
ens regalen la seva bellesa, el seu perfum.
Jo els hi dic bon dia,
començo a aprendre els seus noms,
retinc la seva imatge en la meva retina
i quan torno a casa i ja a la nit,
les poso en els meus somnis
i els hi faig un jardí gran, gran,
fins que arriba la son.

FLORISTERÍA

Por suerte en mi recorrido
para ir al mercado encuentro una floristería
que todo el año pone flores en la calle.
Es todo un mini jardín en la acera
que da color a los días grises
y un aire de esperanza
en ese tiempo difíciles.

Las flores no llevan mascarilla,
nos regalan su belleza, su perfume.
Yo les digo buenos días,
empiezo a aprender sus nombres,
retengo su imagen en mi retina
y cuando vuelvo a casa y ya por la noche,
las pongo en mis sueños
y les hago un jardín grande, grande,
hasta que llega el sueño.

FARMÀCIA

Tenim sort de que sempre
en cada barri hi ha farmàcies
que ens atenen personalment,
que estan obertes tots els dies,
ara que en temps de Covid
veure els metges és pràcticament impossible
i que estan col·lapsats els centres d'atenció primària.
i trobem tantes portes tancades.

Hi ha cues amb ansietat, estrès, angoixa
i ens aconsellen pastilles
que ens faran més suportables
tots aquests dies que sembles eterns.

Lentament, les mascaretes difícils de trobar
en la primera onada ara son accessibles
i tenen diferents colors com si fossin
un tatuatge de la nostra pell que ens vol donar
ànim i una mica de misteri
fent cada cop més important
la nostra mirada, el to de la veu.
Ara que fer-se gran és un problema
que ningú vol resoldre i que deixa
en total indefensió principalment a les dones.

FARMÁCIA

Tenemos suerte de que siempre
en cada barrio hay farmacias
que nos atienden personalmente
que están abiertas todos los días,
ahora que en tiempos de Covid
ver a los médicos es prácticamente imposible
y que están colapsados los centros de atención primaria.
y encontramos tantas puertas cerradas.

Hay colas con ansiedad, estrés, angustia
y nos aconsejan pastillas
que nos harán más llevaderos
todos estos días que parecen eternos.

Lentamente, las mascarillas difíciles de encontrar
en la primera ola ahora son accesibles
y tienen diferentes colores como si fueran
un tatuaje de nuestra piel que nos quiere dar
ánimo y algo de misterio
haciendo cada vez más importante
nuestra mirada, el tono de la voz.
Ahora que hacerse mayor es un problema
que nadie quiere resolver y que deja
en total indefensión principalmente a las mujeres.

MERCAT

Em dol veure algunes botigues tancades
que no han pogut resistir
la competència de les compres on line,
posades de moda en aquest temps de pandèmia
i d'aïllament. No és millor comprar
i veure el producte, la comunicació
amb la venedora que ja coneix el que vols?
Em dol veure que multinacionals sense escrúpols
prenen el mercat a negocis familiars
que són la font d'ingressos i de supervivència.

Em dol veure, les persianes baixades
i que ja no pugen quan vaig pel carrer,
les llums de les botigues
que ja no m´acompanyen a la nit
i fan que encara tot sembli més fosc.

Hi ha una part molt humana que estem perdem
i que amb tants robots i falta de consciencia
no sé si mai podrem recuperar.

MERCADO

Me duele ver algunas tiendas cerradas
que no han podido resistir
la competencia de las compras on line
puestas de moda en este tiempo de pandemia
y de aislamiento. ¿No es mejor comprar
ver el producto, la comunicación
con la vendedora que ya conoce lo que quieres?
Me duele ver que multinacionales sin escrúpulos
toman el mercado a negocios familiares
que son la fuente de ingresos y de supervivencia.

Me duele ver, las persianas bajadas
y que ya no suben cuando voy por la calle,
las luces de las tiendas
que ya no me acompañan por la noche
y hacen que todavía todo parezca más oscuro.

Hay una parte muy humana que estamos perdiendo
y que con tantos robots y falta de conciencia
no sé si alguna vez podremos recuperar.

FLECA

Ara cal fer cua per a comprar el pa.
La fleca és petita i cal complir amb l´aforament,
demano pa sense sal, ja fa temps
i tinc por que aquesta pandèmia ens faci perdre
la sal de la vida, el gaudir de les coses senzilles
que ara semblen tot un luxe,
com ara reunir-se amb la família,
amb les amistats, anar a conferències
i concerts, viatjar, fer un cafè en un bar.

He comprat el pa, m´agrada el seu flaire
que em recorda aquells anys de petita,
quan es podia veure el forn gran de llenya
i jo esperava amb il·lusió aquell panet
amb forma de cargol que tenia cada vegada
sense que fos necessària la pluja.

Però el pa no em treu la fam de justícia,
cal trobar els ingredients d´una bona salsa,
coure-la al foc just i que tingui el gust de la llibertat
i del que és just i ara sí, sucar-hi el pa.

PANADERÍA

Ahora hay que hacer cola para comprar el pan,
La panadería es pequeña y hay que cumplir con el aforo,
pido pan sin sal, hace tiempo
y temo que esta pandemia nos haga perder
la sal de la vida, el gozar de las cosas sencillas
que ahora parecen todo un lujo,
tales como reunirse con la familia,
con las amistades, ir a conferencias
y conciertos, viajar, tomar un café en un bar.

He comprado el pan, me gusta su aroma
que me recuerda aquellos años de niña,
cuando se podía ver el horno grande de leña
y yo esperaba con ilusión ese panecillo
con forma de caracol que tenía cada vez
sin que fuera necesaria la lluvia.

Pero el pan no me quita el hambre de justicia,
es necesario encontrar los ingredientes de una buena salsa,
cocerla en su punto de fuego y que tenga el gusto de la
                                             [libertad
y de lo que es justo y ahora sí, mojar el pan.

SABATERIA

La botiga ofereix un gran sortit de sabates,
i botes de diferents colors i dissenys,
unes amb cordons, altres amb cremallera,
de diferents tipus de pell,
unes amb sola prima altres més gruixuda.
Ni ha per a tots el gustos.

Totes netes i brillants com esperant
el dia de l'estrena en uns peus
que els hi faran companyia
i les trauran a passejar.

Poc saben algunes que aniran als peus
desl botxins, que xafaran la justícia,
que aniran per camins de guerra
i que brutes de sang i tristes
voldrien no haver sortit mai del seu aparador.

ZAPATERÍA

La tienda ofrece un gran surtido de zapatos,
y botas de diferentes colores y diseños,
unas con cordones, otras con cremallera,
de diferentes tipos de piel,
unas con suela delgada, otras más gruesa.
Las hay para todos los gustos.

Todas limpias y brillantes como esperando
el día del estreno en unos pies
que les harán compañía
y las sacarán a pasear.

Poco saben algunas que irán a los pies
de los verdugos, que pisarán la justicia,
que irán por caminos de guerra
y que sucias de sangre y tristes
quisieran no haber salido nunca de su escaparate.

ASCENSOR

En les ciutats on hi ha edificis alts
l'ascensor és un element necessari
ho diu el carret de la compra que ple
no vol saltar escales
i perjudicar les seves rodes.

Ho diuen els peus cansats
l'artrosi que progressa
el bastó company després de l'ultima caiguda.

És bo sentir que puges
quan de vegades l'ànim està baix.
És bo que baixes per a sortir al carrer
i tocar els peus a terra.

Tot un problema quan no funciona
quan algú no tanca bé la porta
però ara amb temps difícil
és trist que s'aturi l'ascensor social
i que els problemes facin créixer
més altes i dures les escales.

ASCENSOR

En las ciudades donde hay edificios altos
el ascensor es un elemento necesario
lo dice el carrito de la compra que lleno
no quiere saltar escaleras
y perjudicar a sus ruedas.

Lo dicen los pies cansados
la artrosis que progresa
el bastón compañero después de la última caída.

Es bueno sentir que subes
cuando a veces el ánimo está bajo.
Es bueno que bajas para salir a la calle
y tocar los pies en el suelo.

Todo un problema cuando no funciona
cuando alguien no cierra bien la puerta
pero ahora con tiempo difícil
es triste que se pare el ascensor social
y que los problemas hagan crecer
más altas y duras las escaleras.

BOTIGA D'ESPORTS

Sabatilles esportives a l´aparador
de diferents tipus segons l´esport,
motxilles per anar d´excursió a la muntanya,
pilotes de cuir i de goma
amb diferents models i colors.

Si entres podràs trobar
tots els estris necessaris
per a l´esport que més t´agradi.

Però on són les ulleres
per a poder bussejar i veure-hi clar
amb tanta contaminació i corrupció?
On és l´arc del masclisme que sempre
fa de la dona la seva diana i que sembla
que alguns han fet amb les fibres del seu ADN?

On trobar la pilota que rodant pugui
marcar el gol de la Pau?
On la cistella on encistellar les il·lusions?
On la xarxa solidaria que permeti
un tenis igualitari on les paraules
puguin entrar als dos camps del diàleg?

TIENDA DE DEPORTES

Zapatillas deportivas en el escaparate
de diferentes tipos según el deporte
mochilas para ir de excursión a la montaña,
pelotas de cuero y de goma
con distintos modelos y colores.

Si entras podrás encontrar
todos los utensilios necesarios
para el deporte que más te guste.

Pero ¿Dónde están las gafas
para poder bucear y ver claro
con tanta contaminación y corrupción?
¿Dónde está el arco del machismo que siempre
hace de la mujer su diana y que parece
que algunos han hecho con las fibras de su ADN?

¿Dónde encontrar la pelota que rodando pueda
marcar el gol de la Paz?
¿Dónde la cesta donde encestar las ilusiones?
¿Dónde la red solidaria que permita
un tenis igualitario donde las palabras
puedan entrar en los dos campos del diálogo?

On el rem que ens permeti avançar en el riu
ple de dificultats de la vida?

On trobar l´ala delta que ens permeti
creuar l´abisme de la por?
On trobar el paracaigudes per l´estat d'ànim?
Quan aquesta pandèmia ens ha llançat
a l´abisme de la incertesa.

¿Dónde el remo que nos permita avanzar en el río
lleno de dificultades de la vida?

¿Dónde encontrar el ala delta que nos permita
cruzar el abismo del miedo?
¿Dónde encontrar el paracaídas para el estado de ánimo?
Cuando esta pandemia nos ha arrojado
en el abismo de la incertidumbre.

PASTISSERIA

Motes vegades els pastissos i les coques
ens indiquen dies de Festa que celebrem
durant l´any i fins i tot un dia ens convertim
en monàrquics amb el tortell de reis,
quan ja els torrons han endolcit durant
les festes de Nadal el nostre paladar.

Els aniversaris amb les seves veles
ens indiquen el pas del temps,
un futur que ens espera quan som joves,
el nostre pas per la vida
quan ja hem fet un llarg camí.

És tot un espectacle per als sentits
mirar l´aparador d´una bona pastisseria.
Hi ha art i creativitat en cada pastis
i tota una gamma de fruites i de xocolata
que dóna diversitat i plaer als nostres ulls.

Ai! Si poguéssim fer pastissos dels dies
posar-los-hi, flors d´esperança,
fruites amb la dolçor de l´amor,
xocolata de bona amistat i veles d´il·lusió.

PASTELERÍA

Muchas veces las tartas y las tortas
nos indican días de Fiesta que celebramos
durante el año e incluso un día nos convertimos
en monárquicos con el roscón de reyes,
cuando ya los turrones han endulzado durante
las fiestas de Navidad nuestro paladar.

Los cumpleaños con sus velas
nos indican el paso del tiempo,
un futuro que nos espera cuando somos jóvenes,
nuestro paso por la vida
cuando ya hemos realizado un largo camino.

Es todo un espectáculo para los sentidos
mirar el escaparate de una buena pastelería.
Hay arte y creatividad en cada tarta
y toda una gama de frutas y de chocolate
que da diversidad y placer a nuestros ojos.

¡Ay! Si pudiéramos hacer pasteles de los días
ponerles, flores de esperanza,
frutas con la dulzura del amor,
chocolate de buena amistad y velas de ilusión.

Ai !si tinguéssim la recepta de com
cuinar pastissos en aquests temps difícils
i gaudir malgrat tot de la vida,
tal vegada no tindríem la sensació
que ens han robat tot aquest temps.

¡Ay! si tuviéramos la receta de cómo
cocinar pasteles en estos tiempos difíciles
y disfrutar a pesar de todo de la vida,
tal vez no tendríamos la sensación
que nos han robado todo ese tiempo.

TEATRE

T´atreu el títol, els intèrprets, les llums.
Compres una entrada
i ja en la butaca els sentiments
van canviant segons el guió de l´obra
i veus amb profunda admiració
com actrius i actors es posen
en la pell dels personatges
com si fos la seva.

Al final de l´obra saluden
i reben els aplaudiments,
el públic s´aixeca i reconeix els mèrits
del seu esforç.

Cada matí el sol posa llum al dia
com un focus cada cop més intens.
Les hores i el destí escriuen el guió,
alegries, preocupacions, problemes
i angoixes són personatges que van i venen
al seu aire, alguns no vol sortir de l´escena
malgrat l´apuntador de l´esperança els diu
que ja han actuat i que la vida continua.

TEATRO

Te atrae el título, los intérpretes, las luces.
Compras una entrada
y ya en el sillón los sentimientos
van cambiando según el guión de la obra
y ves con profunda admiración
cómo actrices y actores se ponen
en la piel de los personajes
como si fuera la suya.

Al final de la obra saludan
y reciben los aplausos,
el público se levanta y reconoce los méritos
de su esfuerzo.

Cada mañana el sol pone luz al día
como un foco cada vez más intenso.
Las horas y el destino escriben el guion,
alegrías, preocupaciones, problemas
y angustias son personajes que van y vienen
a su aire algunos no quieren irse de la escena
a pesar que el apuntador de la esperanza les dice
que ya han actuado y que la vida sigue.

Al final de l'obra cau el teló
tal vegada estigui brodat d'estrelles
i la lluna plena que ens coneix ens digui
no defalleixis, no et preocupis
pel silenci, per la sala buida, pel reconeixement.
Demà és un nou dia i amb les teves decisions
podràs modificar una mica el guió
però mai perdràs aquesta sala de llibertat.

Al final de la obra cae el telón
tal vez esté bordado de estrellas
y la luna llena que nos conoce nos diga
no desfallezcas, no te preocupes
por el silencio, por la sala vacía, por el reconocimiento.
Mañana es un nuevo día y con tus decisiones
podrás modificar un poco el guion
pero nunca perderás esa sala de libertad.

RELLOTGERIA I

Ja fa dies que el meu rellotge no va bé
i que demana piles noves,
potser sap que en part el temps
ara s´ha fet més uniforme
i com moltes persones
també s´ha quedat sense feina.

M´he aturat a l´aparador de la rellotgeria
i he vis t que els rellotges estaven parats
en diferents hores com si diguessin:
Escull l´hora que més t´agradi,
jo ja no marco el temps, el marca la pandèmia
amb el toc de queda.

Potser té raó però jo he entrat
a comprar les piles, s´ha posat
en moviment i jo he pensat
que també nosaltres ens cal posar les piles
superar el desànim i seguir el camí de la vida.

RELOJERÍA I

Ya hace días que mi reloj no va bien
y que pide pilas nuevas,
tal vez sabe que en parte el tiempo
ahora se ha hecho más uniforme
y como muchas personas
también se ha quedado sin trabajo.

Me he detenido en el escaparate de la relojería
y he visto que los relojes estaban parados
en diferentes horas como si dijeran:
Escoge la hora que más te guste,
yo ya no marco el tiempo, lo marca la pandemia
con el toque de queda.

Quizá tenga razón, pero yo he entrado
a comprar las pilas, se ha puesto
en movimiento y yo he pensado
que también nosotros necesitamos poner las pilas
superar el desánimo y seguir el camino de la vida.

RELLOTGERIA II

Quan passes per davant de la rellotgeria
veus rellotges de diferents formes,
Esferes, tamany i preu.
Tots marquen les hores minuts i segons
d´una manera uniforme
sense deixar-se portar pels esdeveniments del dia.
Alguns fan tic tac, altres prefereixen el silenci.

En el rellotge de la vida
hi ha hores d´angoixa
que es fan eternes, i les manilles
donen voltes i voltes sense
la solució als problemes.

En el rellotge de la vida
hi ha un temps, moltes vegades
curt o efímer de felicitat
i que accelera el batec del cor.
És quan voldríem aturar el rellotge
però les manilles corren com si volguessin
guanyar una cursa de follia.

RELOJERÍA II

Cuando pasas por delante de la relojería
ves relojes de diferentes formas,
esferas, tamaño y precio.
Todos marcan las horas minutos y segundos
de forma uniforme
sin dejarse llevar por los sucesos del día.
Algunos hacen tic tac, otros prefieren el silencio.

En el reloj de la vida
hay horas de angustia
que se hacen eternas, y las agujas
dan vueltas y vueltas sin encontrar
la solución a los problemas.

En el reloj de la vida
hay un tiempo, muchas veces
corto o efímero de felicidad
y que acelera el latido del corazón.
Es cuando querríamos detener el reloj
pero las agujas corren como si quisieran
ganar una carrera de locura.

Al final abans d´aturar-se surten
i donen voltes tots els personatges
com en aquells rellotges antics
que marquen les hores
mentre un toc trist de les campanes
ens diu Adeu.

Al final antes de detenerse salen
y dan vueltas todos los personajes
como en aquellos relojes antiguos
que marcan las horas
mientras un toque triste de las campanas
nos dice Adiós.

PERFUMERIA

Perfums, colònies, amalgama d´olors
que et recorden flors de jardins llunyans,
essències que apropen els somnis.
Obrir un flascó i de cop l´evocació
d´una persona estimada.

Algunes cremes ofereixen l´eterna joventut
volen treure les arrugues de la pell,
aquelles que t´havia posat la vida a base d´experiència
i no saps com triar el maquillatge per amagar
el cansament i la tristesa.

PERFUMERÍA

Perfumes, colonias, amalgama de olores
que te recuerdan flores de jardines lejanos,
esencias que acercan los sueños.
Abrir un frasco y de repente la evocación
de una persona querida.

Algunas cremas ofrecen la eterna juventud
quieren quitar las arrugas de la piel,
aquellas que te había puesto la vida a base de experiencia
y no sabes cómo elegir el maquillaje para esconder
el cansancio y la tristeza.

BOTIGA D'ELECTRODOMÈSTICS

Entres a la botiga i trobes tants electrodomèstics
que sembla que et volen facilitar la vida.
Rentadores, assecadores, neveres, planxes,
aspiradors, espremedores, cafeteres,
cuines de tot tipus, rentaplats,
televisors, estufes, aires condicionats,

Però l'experiència et diu que no hi ha
rentadores per a netejar les consciències
dels especuladors, dels botxins,
dels enemics de la Pau.
No hi ha assecadores per a eixugar les llàgrimes
provocades per la mor de les persones estimades,
per la injustícia que diuen llei.
No hi ha neveres que puguin congelar l'angoixa.
No hi ha planxes per a treure les arrugues dels anys.
No hi ha televisors que donin bones noticies
i veu a les persones que no tenen endoll.
No hi ha aspiradors que treguin la pols
que contamina l'atmosfera de la llibertat
i que dificulta la visió de la llum.
No hi ha espremedores de les hores
per a deixar només els bons records.
No hi ha cafeteres amb un cafè
que faci impossible adormir les consciències.

TIENDA DÉLECTRODOMESTICOS

Entras en la tienda y encuentras tantos electrodomésticos
que parece que quieren facilitarte la vida.
Lavadoras, secadoras, neveras, planchas,
aspiradoras, exprimidoras, cafeteras,
cocinas de todo tipo, lavavajillas,
televisores, estufas, aires acondicionados,

Pero la experiencia te dice que no hay
lavadoras para limpiar las conciencias
de los especuladores, de los verdugos,
de los enemigos de la Paz.
No hay secadoras para secar las lágrimas
provocadas por la muerte de las personas queridas,
por la injusticia que llaman ley.
No hay neveras que puedan congelar la angustia.
No hay planchas para sacar las arrugas de los años.
No hay televisores que den buenas noticias
y voz a las personas que no tiene enchufe.
No hay aspiradoras que saquen el polvo
que contamina la atmósfera de la libertad
y que dificulta la visión de la luz.
No hay exprimidores de las horas
para dejar sólo los buenos recuerdos.
No hay cafeteras con un café
que haga imposible dormir las conciencias.

No hi ha cuines que tinguin la temperatura
correcta per a guisar la Pau i la convivència.
No hi ha rentavaixelles que memoritzin
per la historia tants plats bruts rentat pel poder.
No hi ha estufes que donin calor humana
quan els problemes s´apoderen de l´estat d´ànim.
No hi ha aires condicionats on la convivència
sigui tan harmoniosa que sigui com una música
en la nostra vida.

No hay cocinas que tengan la temperatura
correcta para guisar la Paz y la convivencia.
No hay lavavajillas que memoricen
para la historia tantos platos sucios lavado por el poder.
No hay estufas que den calor humano
cuando los problemas se apoderan del estado de ánimo.
No hay aires acondicionados donde la convivencia
sea tan armoniosa que sea como una música
en nuestra vida.

COL·LEGI

Temps de vacances, trobo a faltar
els nens i nenes que van al col.legi
amb les seves motxilles a vegades
massa grans per la seva edat.
Els infants ens recorden que la vida segueix
i que algun dia seran persones adultes
que s´enfrontaran a les dificultats
i problemes de la vida.

Els més petits viuen un temps de jocs
de fer amics, de començar
aprendre cançons, un temps
sense preocupacions que ja mai més tindran.

Els adolescents amb tantes assignatures
tenen que triar el camí per el seu futur
estudiar pot ser difícil, però
a la vegada entrar en mons desconeguts
el descobriment de noves habilitats,
la relació amb els companys i professorat.
Tal vegada el primer amor
aquell que el cor mai oblida.

COLEGIO

Tiempo de vacaciones, echo de menos
los niños y niñas que van al colegio
con sus mochilas a veces
demasiado grandes para su edad.
Los niños nos recuerdan que la vida sigue
y que algún día serán personas adultas
que se enfrentarán a las dificultades
y problemas de la vida.

Los más pequeños viven un tiempo de juegos
de hacer amigos, de empezar
aprender canciones, un tiempo
sin preocupaciones que ya nunca más tendrán.

Los adolescentes con tantas asignaturas
tienen que elegir el camino para su futuro
estudiar puede ser difícil, pero
a su vez entrar en mundos desconocidos
al descubrimiento de nuevas habilidades,
la relación con los compañeros y profesorado.
Tal vez el primer amor
aquél que el corazón nunca olvida.

Humanitats i Ciència busquen
espai en l'esperit, en la formació
integral, però cal allunyar-se del perill
de creure que el món virtual
i la robòtica són la solució per un món millor.

La vida no és virtual, hi ha amor
tacte, emocions, tristesa, dolor,
solitud, afecte, amistat.
Mirades que parlen,
proximitat, arrelament, qualitats
humanes que una màquina mai
no podrà donar, converses
que mai podrà entendre.
per molt ben programat que estigui.

El col.legi és més que un lloc de coneixements.
És un lloc de relació, de comunicació,
de convivència, d'obrir camins,
un lloc que sempre queda gravat
en la nostra memòria
malgrat el pas del temps.

Humanidades y Ciencia buscan
espacio en el espíritu, en la formación
integral, pero hay que alejarse del peligro
de creer que el mundo virtual
y la robótica son la solución para un mundo mejor.

La vida no es virtual, hay amor,
tacto, emoción, tristeza, dolor,
soledad, cariño, amistad.
miradas que hablan,
proximidad, arraigo, cualidades
humanas que una máquina nunca
podrá dar, conversaciones
que nunca podrá entender
por muy bien programada que esté.

El colegio es más que un sitio de conocimientos.
Es un sitio de relación, de comunicación,
de convivencia, de abrir caminos,
un sitio que siempre queda grabado
en nuestra memoria
a pesar del paso del tiempo.

APARCAMENTS

Hi ha massa motos a la vorera
en temps de pandèmia
fan difícil caminar, guardar distàncies,
anar amb el carret de la compra,
i els patinets contra direcció,
sense cap matricula d´identificació,
com si tot l´espai fos seu.
Però es veu que són invisibles
mai el hi posen cap multa.

Hi ha normatives i senyals:
prohibit aparcar,
zona blava, zona verda,
zona de càrrega i descàrrega,
direcció prohibida, sentit únic,
carril bus i taxi, i alguns dies passen guàrdies
i posen multes als infractors.

Hi ha llocs d´aparcament
per a les persones grans, en diuen residencies
comprades per fondos voltors.
Prohibit queixar-se, prohibit demanar comptes,
prohibida l´entrada a les habitacions i a la cuina.

APARCAMIENTOS

Hay demasiadas motos en la acera
en tiempo de pandemia
hacen difícil andar, guardar distancias,
ir con el carrito de la compra
y los patinetes contra dirección,
sin ninguna matrícula de identificación,
como si todo el espacio fuera suyo
pero parece que son invisibles
nunca le ponen ninguna multa.

Hay normativas y señales:
 prohibido aparcar,
zona azul, zona verde
zona de carga y descarga,
dirección prohibida, sentido único
carril bus y taxi, y algunos días pasan guardias
y ponen multas a los infractores.

Hay lugares de aparcamiento
para las personas mayores, llamadas residencias
compradas por fondos buitres.
Prohibido quejarse, prohibido pedir cuentas,
prohibida la entrada a las habitaciones y cocina.

Les persones es transformen en invisibles
i en temps de pandèmia candidates
a morir, simplement per haver acumulat anys,
amb la porta tancada, sense visites de la família,
i tinguen la mort la porta sempre oberta
amb una mena de genocidi
que ha impregnat de falta d´humanisme
aquest temps i que la historia recordarà.

En aquests aparcaments i falten inspeccions,
caliu humà, respecte a les persones
 i a la seva dignitat, és un terreny abonat
a l´especulació, als guanys fàcils,
explotant al personal i a les persones
que hi viuen en la via del silenci,
en l´aparcament de la solitud.
Amb una vida que no és vida.

Las personas se transforman en invisibles
y en tiempos de pandemia candidatas
a morir, simplemente por haber acumulado años
con la puerta cerrada, sin visitas de la familia,
la muerte tiene la puerta siempre abierta
como una especie de genocidio
que ha impregnado de falta de humanismo
ese tiempo y que la historia recordará.

En estos aparcamientos y faltan inspecciones,
calidez humana, respecto a las personas
y a su dignidad, es un terreno abonado
a la especulación, a las ganancias fáciles
explotando al personal y a las personas
que viven en la vía del silencio,
en el aparcamiento de la soledad.
Con una vida que no es vida.

SABATERIA

Lletra i música: Assumpció Forcada

LA BO-TI-GA O-FE-REIX

UN GRAN SOR-TIT DE SA-BA-TES I BO-TES DE

DI-FE-RENTS CO-LORS I DIS-SENYS U-NES

AMB COR-DONS AL-TRES AMB CRE-MA-LLE-RA DE

DE RE-PENT TI-PUS DE PELL U-NES AMB

SO-LA PRI-MA AL-TRES SON MÉS GROI-XU-DES

- 111 -

NOTES DE L'AUTORA
sobre els seus llibres

Per què escriure poesia en aquest temps on la tecnologia guanya terreny i en perd humanisme?

Perquè la Poesia és el meu gran amor i els meus llibres són els meus fills.

La poesia és la manera de comunicar amb poques paraules idees, la forma de veure el món, la societat, la bellesa del nostre planeta i de l'univers, el nostre entorn amb mirada poètica, els objectes quotidians, de trencar les barreres del temps, d'entendre la vida.

La poesia, les paraules, ocupen alguns poemes com a primer poema dels meus llibres.

El primer Llibre Immunitat (Ed. Columna 1990. Pròleg de Jordi Pamias) ja indica un dels meus temes d'inspiració; la biologia que està d'acord amb mi com a biòloga amb poemes com, immunitat, virus, una forma poètica d'explicar el seu cicle.

En Flora sapiens (Ed. Columna 1993. Pròleg de Francesc Parcerisas) vaig fer un poema Nouentina amb una estructura mètrica nova que no existia abans i de nou hi ha una varietat de temes poètics.

En Caducifolium (Seuba Edicions 1994. Pròleg d'Isabel-Clara Simó) Apareix per primera vegada el tema de la mort: In memoriam, mar de dol, 1 de novembre. Hi ha poemes lliures i altres seguin la mètrica (pentatina)

NOTAS DE LA AUTORA
sobre sus libros

¿Por qué escribir poesía en este tiempo donde la tecnología gana terreno y pierde humanismo?

Porque la Poesía es mi gran amor y mis libros son mis hijos.

La poesía es la forma de comunicar con pocas palabras ideas, la forma de ver el mundo, la sociedad, la belleza de nuestro planeta y del universo, nuestro entorno con mirada poética, los objetos cotidianos, de romper las barreras del tiempo, de entender la vida.

La poesía, las palabras, ocupan algunos poemas como primer poema de mis libros.

El primer Libro Inmunidad (Ed. Columna 1990. Prólogo de Jordi Pamias) ya indica uno de mis temas de inspiración; la biología que está de acuerdo conmigo como bióloga con poemas como, inmunidad, virus, una forma poética de contar su ciclo.

En Flora sapiens (Ed. Columna 1993. Prólogo de Francesc Parcerisas) hice un poema Nouentina con una estructura métrica nueva que no existía antes y de nuevo hay una variedad de temas poéticos.

En Caducifolium (Seuba Ediciones 1994. Prólogo de Isabel-Clara Simó) Aparece por primera vez el tema de la muerte: In memoriam, mar de luto, 1 de noviembre. Hay poemas libres y otros siguen la métrica (pentatina)

Hàbitat (Seuba edicions 1996. Pròleg de Maria Àngels Anglada) apareix el tema dels camps d´extermini (krematorium, Aushwiz) i el poema Veu de dona que més tard va inspirar aquest cicle. Primer llibre on hi ha partitures d´alguns poemes.

Ecosistema (Ed. Seuba 1998. Pròleg d´Olga Xirinacs) Amb poemes com Salmonel.la, olfacte, tacte, gust, oïda, vista, i partitures dels cinc sentits.

Evolutio (Ed. Seuba 2000. Pròleg de David Jou.) amb poemes com Genoma, Deriva continental, Cromatografia, Contaminació I, II i partitures d'alguns poemes.

Germinació (Ed. Pagès 2000. Pròleg de Maria Isabel Pijoan) un llibre homenatge als poetes en llengua catalana i el principi de lo que seria una trilogia amb Semillas (Ed. La Busca 2006. Pròleg de Lourdes Ortiz) homenatge als poetes en llengua castellana. Frutos (Ed. La Busca 2014) homenatge a poetes de diferents països.

Caducifolium (rus- català, antologia, editat a Sant Petersburg 2001, traducció i prefaci d´Andrei Rodosski)

Cosmos (Ed. Pagès 2000. Pròleg de Joan Oró un llibre d´acròstics inspirat en el Cosmos i on malgrat la gran dificultat que oferia hi ha un poema amb la ç Aquest llibre forma una trilogia amb Univers/Universo ed Ed. La Busca. Pròleg de David Jou) i Galàxies i nebuloses/Galaxias y nebuloses (Ed. Comte d´Aure 2025. Pròleg Pilar Ruíz Lapuente).

Fotosíntesi/Fotosíntesis (Ed. La Busca 2004. Pròleg de Carles Duarte) amb temes botànics i partitures d´alguns poemes.

Prisma (Ed. La Busca 2005. Pròleg de Maria Lluïsa Pazos) amb poemes d´objectes quotidians : bolígraf, endolls, rentadora, planxa, cafetera, ganivet, penja-robes, llevataps... etc i partitures d´alguns poemes.

Hábitat (Seuba edicions 1996. Prólogo de Maria Àngels Anglada) aparece el tema de los campos de exterminio (krematorium, Aushwiz) y el poema Voz de mujer que más tarde inspiró este ciclo. Primer libro en el que hay partituras de algunos poemas.

Ecosistema (Ed. Seuba 1998. Prólogo de Olga Xirinacs) Con poemas como Salmonella, olfato, tacto, gusto, oído, vista, y partituras de los cinco sentidos.

Evolutio (Ed. Seuba 2000. Prólogo de David Jou.) con poemas como Genoma, Deriva continental, Cromatografía, Contaminación I, II y partituras de algunos poemas.

Germinació (Ed. Pagès 2000. Prólogo de Maria Isabel Pijoan) un libro homenaje a los poetas en lengua catalana y el principio de lo que sería una trilogía con Semillas (Ed La Busca 2006. Prólogo de Lourdes Ortiz) homenaje a los poetas en lengua castellana. Frutos (Ed. La Busca 2014) homenaje a poetas de diferentes países

Caducifolium (ruso-catalán, antología, editado en San Petersburgo 2001, traducción y prefacio de Andrei Rodosski)

Cosmos (Ed. Pagès 2000. Prólogo de Joan Oró un libro de acrósticos inspirado en el Cosmos y donde a pesar de la gran dificultad que ofrecía hay un poema con la ç Este libro forma una trilogía con Univers/Universo ed La Búsqueda editores prólogo de David Jou) y Galaxias i nebuloses/Galaxias y nebuloses (Ed. Comte d´Aure 2025 prólogo Pilar Ruíz Lapuente).

Fotosíntesi/Fotosíntesis (Ed. La Busca 2004. Prólogo de Carles Duarte) con temas botánicos y partituras de algunos poemas.

Prisma (Ed. La Busca 2005. Prólogo de María Luisa Pazos) con poemas de objetos cotidianos: bolígrafo, enchufes, lavadora, plancha, cafetera, cuchillo, percha, sacacorchos... etc y partituras de algunos poemas.

Rails/Railes (Ed. La Busca 2005. Pròleg de Pilar García Fuertes)Tema monogràfic del tren.partitures d´alguns poemes al final del llibre.

Geodinàmica/Geodinámica (Ed. La Busca 2009. Pròleg de Carmina Virgili un llibre de geologia i poesia. Partitures d´alguns poemes al final del llibre.

H2O, AIGUA (Ed. La Busca. Pròleg de Marius Sampere) Tema monogràfic de l´aigua. Partitures d´alguns poemes al final del llibre.

Meteorologia/Meteorología Ed. La Busca 2011. Introducció de l´autora)) Tema monogràfic del temps. Partitures d´alguns poemes al final del llibre.

Científicas (Ed La Busca 2012. Pròleg de Maria Antonia Díez Balda) Homenatge a les dones científiques. Partitures d´alguns poemes al final del llibre.

Química i Física/Química y Física, (Ed. La Busca 2012. Pròleg David Jou. Monogràfic sobre química i física. Partitures d´alguns poemes al final del llibre

Tecnologia/Tecnología (Ed, La Busca 2013. Introducció de l´autora) Tema monogràfic tecnologia. Partitures d´alguns poemes al final del llibre,

ELMA la gosseta intel.ligent. (Ed, La Busca 2014) llibre de narrativa on una gosseta observa els humans.

La Veu del Mar /La Voz del Mar (Ed. La Busca 2015. Introducció de l´autora. Tema monogràfic el mar. Partitures d´alguns poemes al final del llibre.

Poemes Olímpics (Ed. La Busca 2016. Pròleg de Maite Fandos) Tema monogràfic els esports olímpics. Partitures d´alguns poemes al final del llibre.

Iceland (Impacto 2018. Introducció de l´autora). Monografic sobre Islàndia. Partitures d´alguns poemes al final del llibre.

Raíls/Railes (Ed. La Busca 2005. Prólogo de Pilar García Fuertes)Tema monográfico del tren. Partituras de algunos poemas al final del libro.

Geodinàmica/Geodinámica (Ed. La Busca 2009. Prólogo de Carmina Virgili un libro de geología y poesía. Partituras de algunos poemas al final del libro.

H2O, AGUA (Ed. La Busca 2010. Prólogo de Marius Sampere) Tema monográfico del agua. Partituras de algunos poemas al final del libro.

Meteorologia/Meteorología (Ed. La Busca 2011. Introducción de la autora) Tema monográfico del tiempo. Partituras de algunos poemas al final del libro.

Científicas (Ed. La Busca 2012. Prólogo de María Antonia Díez Balda) Homenaje a las mujeres científicas. Partituras de algunos poemas al final del libro.

Química i Física/Química y Física, (Ed. La Busca 2012. Prólogo David Jou. Monográfico sobre química y física. Partituras de algunos poemas al final del libro

Tecnologia/Tecnología (Ed. La Busca 2013. Introducción de la autora) Tema monográfico tecnología. Partituras de algunos poemas al final del libro,

ELMA a la perrita inteligente. (Ed. La Busca 2014) libro de narrativa donde una perrita observa a los humanos.

La Veu del Mar /La Voz del Mar (Ed. La Busca 2015. Introducción de la autora. Tema monográfico el mar. Partituras de algunos poemas al final del libro.

Poemes Olímpics (Ed. La Busca 2016. Prólogo de Maite Fandos) Tema monográfico: los deportes olímpicos. Partituras de algunos poemas al final del libro.

Iceland (Impacto Introducción de la autora. Monográfico sobre Islandia. Partituras de algunos poemas al final del libro.

25 De Novembre/ 25 de novembre/25th novembre, (Ed. Hijos de Hule 2019 Partitures d´alguns poemes al final del llibre. Pròleg de Marina Subirats). Monogràfic sobre violència masclista. Partitura al final del llibre.

Suomi, Finlandia, (Ed. Hijos de Hule 2019. Introducció de l´autora) Partitures d´alguns poemes al final del llibre.

El foc que mai no s´apaga/El fuego que nunca se apaga, (Ed. Hijos de Hule 2020) Monogràfic sobre el foc. Partitures d´alguns poemes al final del llibre.

Temps de Verema/Tiempo de cosecha. (Ed. Hijos de Hule 2021). Tema la vinya. el vi. el cava. Partitures d´alguns poemes al final del llibre.

Empremtes d´hivern/Huellas de invierno. (Ed. Hijos de Hule 2021) Monogràfic sobre el foc. Partitures d´alguns poemes al final del llibre.

Biosfera en Perill/ Biosfera en Peligro (Ed. Hijos de Hule 2021. Introducció de l´autora). Temes ecològics. Partitures d´alguns poemes al final del llibre.

El jardí de la vida/El jardín de la vida (Ed. digital feminista Victoria Sau 2021)

No a la guerra. (Ed. Hijos de Hule 2022). Introducció de l´autora)monogràfic sobre la guerra. Partitures d´alguns poemes al final del llibre.

PINTORA Remedios Varo (Ed. Hijos de Hule 2022). Inspirat en quadres d´aquesta pintora. Partitures d´alguns poemes al final del llibre

Les flors que parlen (Ed. Hijos de Hule 2023. Introducció de l´autora) Monogràfic inspirat en flors.

La veu dels quadres/ La voz de los quadros(Ed. Visión libros 2023) Inspirat en quadres del museu Thyssen de Madrid. Partitures d´alguns poemes al final del llibre.

25 De Novembre/ 25 de noviembre/25th novembre, (Ed. Hijos de Hule 2019 Partituras de algunos poemas al final del libro. Prólogo de Marina Subirats). Monográfico sobre violencia machista. Partitura al final del libro.

Suomi, Finlandia, (Ed. Hijos de Hule 2019. Introducción de la autora) Partituras de algunos poemas al final del libro.

El foc que mai no sapaga/El fuego que nunca se apaga, (Ed. Hijos de Hule 2020) Monográfico sobre el fuego. Partituras de algunos poemas al final del libro.

Temps de Verema/Tiempo de cosecha. (Ed. Hijos de Hule 2021). Tema el viñedo. el vino. el cava. Partituras de algunos poemas en

Empremtes d'hivern/Huellas de invierno. (Ed. Hijos de Hule 2021) Monográfico sobre el fuego. Partituras de algunos poemas al final del libro.

Biosfera en Perill/ Biosfera en Peligro (Ed. Hijos de Hule 2021 Introducción de la autora). Temas ecológicos. Partituras de algunos poemas al final del libro.

El jardí de la vida/El jardín de la vida (Ed. digital feminista Victoria Sau 2021)

No a la guerra. (Ed. Hijos de Hule 2022). Introducción de la autora) monográfico sobre la guerra. Partituras de algunos poemas al final del libro.

PINTORA Remedios Varo (Ed. Hijos de Hule 2022). Inspirado en cuadros de esta pintora. Partituras de algunos poemas al final del libro

Les flors que parlen (Ed. Hijos de Hule 2023). Introducción de la autora) Monográfico inspirado en flores.

La veu dels quadres/ La voz de los cuadros(Ed. Visión libros 2023) Inspirado en cuadros del museo Thyssen de Madrid. Partituras de algunos poemas al final del libro.

Creadoras con duende (Ed. Hijos de Hule 2024). Inspirat en quadres de pintores de diferents països. Partitures d´alguns poemes al final del llibre.

Per escriure Poesia ens cal un nou prisma en la nostra mirada i adonar-nos que la poesia està en tot el nostre entorn, que té una gran varietat de formes i de temes que fa, com la música, que cada persona pugui trobar un poema que li parla al cor i el fa seu.

La poesia viu en tots els temps, s´enriqueix amb el pas del temps amb noves paraules, reflecteix el món que vivim i és la manera on, amb poques paraules, es poden expressar grans idees. Cal perdre la por a llegir un llibre de poesia, es pot llegir un poema cada dia, cal reivindicar aquesta medicina que no es ven a les farmàcies però que és necessària pel bon estat del món interior i com els grans amors cal cuidar-la i protegir.la i fer que tothom pugui gaudir del perfum de les seves paraules.

Creadoras con duende (Ed. Hijos de Hule 2024). Inspirado en cuadros de pintoras de diferentes países. Partituras de algunos poemas al final del libro.

Para escribir Poesía necesitamos un nuevo prisma en nuestra mirada y darnos cuenta que la poesía está en todo nuestro entorno, que tiene una gran variedad de formas y temas que hace, como la música, que cada persona pueda encontrar un poema que le habla al corazón y lo hace suyo.

La poesía vive en todos los tiempos, se enriquece con el paso del tiempo con nuevas palabras, refleja el mundo que vivimos y es la manera en la que, con pocas palabras, se pueden expresar grandes ideas. Hay que perder el miedo a leer un libro de poesía, se puede leer un poema cada día, es necesario reivindicar esta medicina que no se vende en las farmacias pero que es necesaria por el buen estado del mundo interior y cómo los grandes amores hay que cuidarla y protegerla y hacer que todo el mundo pueda disfrutar del perfume de sus palabras.

ÍNDEX / ÍNDICE